Traude Veran

Der kleine Mistpilz

Gedankensprünge

Haibun, Glossen und andere Minimalgeschichten

mit Bildern von
Birgit Rakette

Bibliografische Information der Deutschen Nationalbibliothek:
Die Deutsche Nationalbibliothek verzeichnet diese Publikation in der Deutschen Nationalbibliografie; detaillierte bibliografische Daten sind im Internet über
http://dnb.d-nb.de abrufbar.

Rotkiefer Verlag
www.rotkiefer-verlag.de
kontakt@rotkiefer-verlag.de

Satz und Covergestaltung: Petra Klingl und Traude Veran
Druck und Distribution: BoD.de

ISBN: 978-3-949029-19-6

INHALT

Was ich noch schnell sagen möchte

Früher nannte ich meine Prosatexte Kürzestgeschichten. Dann lernte ich das Haibun kennen. Der kleinen Geschichte durch ein Haiku poetischen Klang verleihen – diese Idee nahm mich sofort gefangen.

Das Haibun kommt, wie das Haiku, aus Japan und hat sich aus den Reiseerzählungen von Dichtern entwickelt; es steht zwischen Lyrik und Prosa. Entsprechend nannte ich meinen ersten Haibun-Band *Gedanken Reisen*. (Den Gedanken-Strich schenkte ich mir.)

Nun, ich bin bald 90 Jahre, da findet das Reisen nur mehr im Kopf statt. Und mein Kopf hält sich nicht gern an starre Regeln. Einzelne Seiten in diesem Buch wären unter dem Namen Kürzestgeschichten besser aufgehoben, andere hingegen können als echte Haibun gelten.

Sie alle sind nach der Herausgabe der *Gedanken Reisen* ab 2018 entstanden, vereinzelte Blätter, die der Wind der Geschichte eins Tages in einer Ecke zusammenfegte. Das sind ja viele!, dachte ich erstaunt, machen wir doch ein Buch draus.

Traude Veran

P.S.: Falls Sie mehr über das Haiku wissen wollen: Lesen Sie die Seiten 14f., 59 und 61.

Petra Sela: Vorwort

Traude Verans Haibun sind so vielfältig wie das Leben. Mal nachdenklich, ja traurig, dann wieder animieren sie zum Lächeln, es entkommt einem ein Lachen. Oft findet man sich darin wieder, kennt so manches Gefühl oder hätte es auch gern so gemacht wie die Protagonistin – jedoch es fehlte der Mut.

Dieser Band ist keine Biographie und doch lassen uns die Episoden viel über die Autorin erfahren: von ihren Freuden, Ängsten, Erfahrungen.

Die Haibun wirken auf mich wie Haiku. Haiku mit mehr als 17 Silben, die Ereignisse in Kürze gefasst. Ein Collier mit Haiku-Perlen, vielleicht Barockperlen, über die man wehmütig mit der Hand streicht. Sie lassen den Leser teilhaben an Eindrücken, die uns Tag für Tag begegnen und nicht mehr loslassen.

Wie kann es anders sein, auch die Liebe zu ihrem blinden und schutzbedürftigen Hund Cindy , der sich vor den Neujahrsknallern zu Tode fürchtet, darf nicht fehlen: „... Wieder ein Jahr überstanden. Und noch ein paar. Dann keines mehr.

Am Fenster stehen –
meine Arme haben
nichts mehr zu bergen“

Berührend auch der Heilige Abend im Pensionistenheim, wo sich alle bemühen, eine heimelige Atmosphäre zu schaffen, auch für diejenigen, die nicht abgeholt werden. Doch das Heim ist nicht daheim.

Eingeschränkt durch das ein oder andere Wehwehchen nicht mehr so viel unterwegs, Tag für Tag das Sitzen am Fenster und den Abriss eines Gebäudes vis-à-vis beobachten, da kann es schon vorkommen, dass der Abrissbagger zum Katzentier und der Hunger nach Grün, nach Bäumen und Blumen unerträglich wird bei all dem Staub und grauen Gestein. Und dann noch Corona: Die Quarantäne, die dazu führt, Griffe der Küchenzeile zu zählen, Schatten zu vergleichen, muss in den Zeiten der Pandemie ihren Platz in dieser Reihe finden.

Für Japanliebhaber und Haiku-Schreiber oder Haijin, wie sie genannt werden, sind die *Kirschblüten* schon ausgelatscht, und die Gedanken fallen auf ein anderes abgedroschenes Thema: den Frosch, der zum *tausendsten Mal* ins Wasser springt. Und so schreibt Traude Veran: „Haiku Schreiben ist ein Pilgerweg. Du betrittst ihn mit Neugier und Selbstvertrauen, schreitest schwungvoll voran, bezwingst Etappe um Etappe … Der Weg endet nie.“

„Zum Thema Ankommen fällt mir wenig ein“, schreibt sie, „ich bin keine Ankommende, bin eine Abreisende, mache mich bereit für die Fahrt über den Fluss, den Obolos fest in der Hand und kein Blick zurück.“

Gefühlvoll beschreibt sie die Besucher der Senioren, deren Kinder, die selber schon Kinder und Enkel haben: „Wir werden alle zu Waisen. Manche früh, um die kümmert man sich, mit Zuspruch, Geld, manchmal Liebe. Die meisten erst viel später, grauhaarige Kinder …“

Mit einem Haiku Traude Verans möchte ich enden:

Schönheit und Torheit
in die Welt gebracht
both – love and war

Von Menschen und ähnlichen Wesen

俳文

Nachdenklich

Haijin[1] schreiben am liebsten für nachdenkliche Menschen. Lassen Sie mich das an einem Beispiel verdeutlichen, einem meiner alten Sommerhaiku, ganz klassisch der Jahreszeit zuzuordnen:

Neben dem Pressluftbohrer
acht leere Mineralwasserflaschen

Ob ich diese klassischen 17 Silben in einer oder zwei Zeilen niederschreibe oder als Haiga in einem Bild untereinander, kommt aufs selbe heraus, es bleibt ein Haiku. Gegen „ klassisch" spricht allerdings das Fehlen der Natur.

Fehlt sie wirklich? Könnten die Arbeiter nicht gerade Beton wegsprengen, um die Stadt zu begrünen? Einen Parkplatz in einen Park verwandeln, einen Bachlauf renaturieren?

Natürlich kommt uns auch das Gegenteil in den Sinn: Wird vielleicht gerade eine weitere Wiese überbaut, ein Quell unter die Erde verlegt oder der Gehsteig aufgerissen, weil die Menschheit neue Kabel braucht? Natur? War einmal.

Da haben wir noch gar nicht von den tapferen Arbeitern gesprochen, die der Hitze trotzen. Und schon bin ich mitten im Thema.

Haiku Schreiben ist die Kunst, einen umfangreichen und beweglichen Schwarm von Gedanken mit wenigen Silben einzufangen wie in einem Netz. Uns, den Lesenden und den

1 Haijin = Haikudichterinnen und -dichter

Zuhörenden, wird dieses Netz zum Geschenk gemacht. Wir öffnen es und heraus gleitet eine Fülle glitzernder Einfälle. Dazu muss man halt gewillt sein, das Netz aufzuknoten, das braucht Zeit und Aufmerksamkeit. Nachdenkliche Menschen eben.

俳文

Lockdown

Der Schülerlotse in gelber Warnjacke mit rotweißer Kelle trippelt im Morgenfrost um die Gehsteigkante, Runde um Runde. Kein Schüler zu geleiten, kein Fahrzeug zu stoppen.

Aber wenn ... Die Sorge auch für das Mindeste deiner Kinder.

In den Wäldern
blühender Bärlauch
keiner pflückt ihn

Gebirgskräuter

Dieses Kraut sollten wir uns genau ansehen, meinte der Botaniker.

Da war aber nicht viel zu sehen: graugrünes Durcheinander mit grauweißen Dolden. Roch irgendwie nach Gemüsesuppe. Meisterwurz, erklärte der Botaniker, wilde Sellerie, ein Geheimmittel. Hilft gegen und für alles, besonders für die Manneskraft.

Der Junge war fünfzehn. Am letzten Tag zog er allein los. Kam nach zwei Stunden mit einem Beutel voll Wurzeln an. Zurück in der Schule setzte er das Gerücht in Umlauf, es trug bald Früchte: ein halbfingerlanges Stück Meisterwurz um fünf Euro. Auch die Lehrer kauften.

„Und – hat‘s geholfen?“, fragten wir ihn beim nächsten Treffen.

„Mir schon“, grinste er.

Duftend im Gestein
winzige Lilien
und Orchideen

Chrysanthemen I

Gelbe Chrysanthemen schenkt sie mir. Das hat nichts mit Haiku zu tun, den Namen Rottauscher[2] hat sie nie gehört.

Zum Geburtstag bekam sie zwei Blumensträuße, besitzt aber nur eine Vase. Sie will keine von mir leihen, nein, die Blumen sind für mich, weil ich immer so freundlich bin. Ich schenke ihr dafür eine Ansichtskarte mit Kätzchen, sie ist entzückt.

Ich bin zu ihr nicht besonders freundlich, eigentlich interessiert sie mich genauso wenig wie die anderen im Haus. Sie wirkt halt hilfsbedürftig. Manchmal vergisst sie, wohin sie will, dann drücke ich den Liftknopf für sie, solche Sachen.

Der Strauß gefällt mir nicht. Es ist nicht leicht, Blüten zu finden, die sich farblich schlagen, aber diese beiden Gelb schaffen es. Neben den Gerberaknallern wirken die Chrysanthemen fahl und vergreist.

He – Chrysanthemen im März? Allerheiligenblumen zum Neunziger? Sie tut wohl recht daran, sich in das nebelige Land zu flüchten.

Schnell einen Strauß besorgen
Liebe
geht sich nicht mehr aus

---

2 Anna von Rottauscher brachte 1939 ein heute noch viel beachtetes Buch mit Nachdichtungen japanischer Haiku heraus: *Ihr gelben Chrysanthemen.*

Im Sturm

Das andere Ende des Währinger Parks ist mir nicht so vertraut; meine Augen wandern, der Spielplatz, das Studiengebäude, die große Wiese davor.

Mit einem Ruck bleiben meine Augen stehen. Ich staune. Die ganze Wiese voll weißer und schwarzer Vögel. Januarkälte, schneidender Ostwind. Die Möwen, diese Praktiker der Stürme, parallel verschoben, alle flach gestreckt aus dem Wind. Dazwischen die Krähen kreuz und quer, wie es ihnen gerade einfällt, anarchistisch und wetterignorierend.

Ich, ganz Vernunft. Einmal Krähe sein ...

Ungeschmeidig
und misstönend
in den Wind rotzen

俳文

Behindert

Es ist schon lang her. Das Dorf heute ein Touristenzentrum. Aber ich erinnere mich. Sehr genau.

Inge hat bei einem Unfall beide Unterschenkel verloren. Sie trägt Prothesen. Das geht ganz gut. Bis sie schwanger wird.

Natürlich will der Mann nichts mehr von ihr wissen. So eine ...

In der Schneiderei arbeiten, im Kirchenchor singen, das kann sie jetzt selbstverständlich nicht mehr. Die Eltern – ach was! Die Inge war doch früher in einem Heim, hat dort gehen gelernt. Warum haben sie sie nicht gleich dagelassen? Aber das hätte man sich ja denken können. Bei denen.

So eine. Bei denen. Das kenne ich.

Vorsicht
Flüchtlingskinder
die stinken die stehlen

Aber, denke ich. Da gibt es doch noch andere, aus anderen Familien, angesehenen. Was ist mit den beiden Brüdern, die gemeinsam ein Haus bauen? Jeder der beiden hat im Krieg einen Arm verloren. Was ist mit dem Jungen, der den Betrieb übernimmt? Trotz Dysmelie?

Der blinde Hund
und die lahme Katze
sonnen sich im Hof

Hundeangst

Die Silvesternacht verbrachte ich Jahr für Jahr zusammengekauert unter dem Waschbecken, Cindy fest umschlungen an mein Herz gedrückt, offenbar der einzige Platz in der Welt, an dem ihr das schreckliche Getöse nichts zuleide tun konnte. Hechelnd, mit weit aufgerissenen Augen litt sie von Knall zu Knall, trotz Valium.

Lang nach Mitternacht krochen wir aus der kalten Ecke hervor, sie beruhigt, ich krumm.

Wieder ein Jahr überstanden. Und noch ein paar. Dann keines mehr.

Am Fenster stehen –
meine Arme haben
nichts mehr zu bergen

Vaterland

Berlin, Juli 1932:

„Er wusste, wie sehr sie für moderne Architektur schwärmte, und hatte die vier Räume entsprechend eingerichtet. Nicht gerade billig, aber solide. Viel Leder und viel Stahl, edle Hölzer. Die Möbel würden hundert Jahre halten."[3]

Berlin, nach dem 23. November 1943:

Rückzug
in stilvolles Wohlmeinen
Schimären tanzen

---

3 Volker Kutscher: *Die Akte Vaterland.* Köln 2012, S. 28

2019

Menschen, die vor 100 Jahren geboren wurden, hatten eine Chance, die Welt nachhaltig zu verändern. Die meisten von ihnen taten es nicht, konnten es gar nicht. Und von anderen weiß man es nicht, sie wussten vielleicht selbst nicht, was sie da angestoßen hatten. Vielleicht war ein krankes Kind unter ihnen, oder eine singende Frau – und hat die Welt verändert.

Aber einige derer, die ihren Stempel hinterlassen haben, sind uns bekannt: Maria Lassnig, Michail Kalaschnikow, Nat King Cole, Beate Uhse zum Beispiel.

Die Erde hat ihre Gaben gleichmütig hingenommen.

Schönheit und Torheit
in die Welt gebracht
both – love and war

俳文

Heiliger Abend im Altersheim

Sie geben sich wirklich größte Mühe. Die stimmungsvolle Weihnachtsfeier mit Musik, Jause und liebevollem Dekor war schon vor einer Woche; der Tag heute gehört den Familien.

Bereits am Morgen fahren die Ersten vor, ihre Angehörigen abzuholen. Zeitweise gibt es fast ein Gedränge. Jetzt, draußen fallen die Schatten schon tiefer, sind nur mehr wenige Fenster erleuchtet. Die das Haus nicht mehr verlassen können, feiern mit ihren Lieben eben hier. Auf den Fluren riecht es nach Süßigkeiten und, verbotenerweise, nach Kerzen. Vor den Zimmertüren Regenschirme und Kinderwagen; man hört Geplauder und verwischte Musikklänge .

Aber da sind immer noch einige, die niemand haben. Oder um die sich niemand schert. Für die ist auch gesorgt. Man schiebt sie zusammen auf ein Häuflein rund um den Weihnachtsbaum. Liest ihnen eine Geschichte vor, die gut ausgeht. Spielt *Ihr Kinderlein kommet* und *Leise rieselt der Schnee*. Ermuntert sie mitzusingen. Kekse zu essen. Glücklich zu sein.

Verirrte Blicke
zwischen Kuchenkrümeln
suchend

Doggenliebe

Rigo war halbwegs erwachsen, unwiderstehlich charmant und, muss man natürlich dazusagen, eine Deutsche Dogge. Er liebte die Cindy. Leider reichte sie ihm kaum bis ans Knie. Und sie mochte Rigo nicht.

Wir beiden Frauchen gingen einander beim Morgenspaziergang aus dem Weg. Wenn möglich. Aber einmal: links und rechts hoher Schnee, keine Abzweigung in Sicht. Rigo flötete begeistert. Cindy stellte alles auf, was ihr zur Verfügung stand, und knurrte. Das störte Rigo keineswegs, sein Minnegesang wurde immer lyrischer. Cindy keppelte lautstark zurück.

Als der abgewiesene Liebhaber an ihr zu schnüffeln versuchte, fuhr sie herum und biss ihn ins Bein. Ziemlich weit unten, auf Schnauzenhöhe eben.

Wer glaubt, das hätte Rigo erzürnt: keineswegs! Mit ebenso verblüffter wie todunglücklicher Miene hob er sein langes, schlaksiges Bein und leckte an der winzigen Wunde.

Cindy zog mich an der Leine weiter, unbeteiligt: So, das wäre erledigt.

Ein wenig Sonne
große und kleine Tapser
im Neuschnee

Zwillinge

Bis 1943 Sommerfrische in der Steiermark. Mit den Bauernkindern: laut, tollkühn, ordinär.

Aber da waren noch Anni und Resi. Der Vater im Krieg, die Mutter schneiderte. Ein dunkel gebeiztes Holzhaus.

Wir machten Püppchen aus Zweigen, Stroh und Flicken. Beobachteten die Waldameisen. Man kann sie, nahe an ihrem Bau, hören und riechen. Wenn man sie stört, verspritzen sie Säure in hohem Strahl, er glitzert im Gegenlicht.

1945 dann im Salzburgischen. Wieder laut und tollkühn mit den Bauernkindern. Nicht mehr so ordinär, die Pubertät naht.

Wieder ein dunkles Holzhaus, diesmal Hedi und Leni, sonst glich nichts dem Vorhergehenden. Die Eltern Sägewerksbesitzer, wir arme Flüchtlinge. Heimliche Treffen hinter dem Holzlager.

Eines Nachts brannte das Sägewerk ab. Wir durften trotzdem nicht miteinander spielen.

Zwei Spiegel
einander gegenüber
endlich unendlich

Wie man/frau den Pullover auszieht

Männer schnappen ihn hinten beim Kragen und stülpen ihn über den Kopf. Frauen fassen mit überkreuzten Armen unter die Taille, zerren am Bündchen und wursteln sich nach oben durch.

Befragungen von Pulliträger*innen, warum das so ist, brachten mich nicht weiter. Bis ich selbst nach einer Schulterverletzung die männliche Variante wählen musste. Heute, in meinem Alter, geht es ohnedies nur mehr so.

Ich erkannte bald, dass die virile Art einfacher zu handhaben ist, aber die Frisur zerstört. Jedoch sind glatte Borsten wie meine nicht jederfraus Geschmack.

Da ist aber noch mehr: Wir Frauen tragen manchmal Kleider. Wenn wir die in ganzer Länge einhändig nach oben zerren, verziehen sie sich oder es reißt gar eine Naht.

Keine befriedigende Erklärung dabei. Von einem bin ich jetzt jedoch überzeugt: Die unterschiedliche Herangehensweise ist nicht genetisch bedingt.

Pullover gendern –
manchmal eine Frage
der Gelenkigkeit

Der kleine Mistpilz Conocybe

Vor dem Hotel ein kleiner Park, etwas manieriert, aber freundlich, mit großen Wiesenflächen. Frühmorgens sitze ich am Springbrunnen, sonne mich. Im Gras tummeln sich kleine weiße Pilze, in Ketten, ja dort drüben in fast perfektem Kreis, als reichten sie einander die Händchen zum Reigen.

Drei Männer stürzen sich mit heulenden Maschinen auf die Grünflächen, mähen erbarmungslos jeden Pilz, jedes Gänseblümchen nieder. Ich sitze noch eine Weile, das angeschnittene Gras riecht so gut.

Am nächsten Morgen, das Gras ist noch geschockt, sind sie wieder da. Vorwitzig strecken sie ihre Spitzhütchen aus dem Samtrasen, bilden Ketten und Rudel, wachsen allem Grün davon auf dünnen Stielchen.

in Gruppen
verstreut über den Marktplatz
fröhliches Tratschen

Da capo al fine ...

Wenn du einmal eine gewisse Anzahl von Kleinkindern, alten Menschen und Haustieren betreut hast, kann dich eigentlich nichts mehr erschüttern. Du hast immer aufmunternde Worte, einen warmen Andrückbusen, eine dicke Küchenrolle und eine leichte Mahlzeit zur Hand.

Wie es dir dabei geht, interessiert keine Sau.

Bist du übernächtigt, hättest du eben früher schlafen gehen sollen. Hast du einen Termin verschustert, müsstest du dein Leben eben besser organisieren. Liegen ungebügelte Hemden und halbfertige Manuskripte herum, hättest du dir das alles eben besser einteilen sollen. Platzt dir der Kragen, hättest du dich eben beherrschen müssen.

Gute Ratschläge prasseln von allen Seiten auf dich ein. Ist ja so klar: Du musst ganz einfach ... Du könntest ja ... Du solltest einmal ... Du darfst nur nicht ...

Tadelnd wird deine Hilfsbereitschaft eingefordert: Du wirst doch sicherlich ... Du musst wirklich jetzt ... Es wird doch nicht so schwer sein ... Du kannst uns doch nicht ...

Vorbilder werden dir vor Augen gehalten: Meine Tante hat noch mit 70 ... Andere rackern sich krumm ... Was glaubst du, was wir im Krieg ...

Wie es dir dabei geht, interessiert keine Sau.

Irgendwie hast du es überlebt. Knapp, aber oho. Und hast es dir die letzten Jahre richtig gut gehen lassen.

Und jetzt: alt, gebrechlich, behindert. Andere sorgen für dich. Du musst sorgfältig überlegen, ob du es ihnen nicht doch heimzahlen willst.

Wie es ihnen dabei ginge, interessiert vermutlich keine Sau.

俳文

44 Jahre

Heute habe ich ein Bügeleisen gekauft.

Damals: Eine ratlose Mutter in meiner Küche. Das ist nicht korrekt, ich müsste sie auf die Dienststunden verweisen, aber sie ist so verzweifelt. Und kommt von weit her. Während wir reden, bügle ich. Sie merkt, dass ich die Wäsche einspritze.

Zwei Monate später. Es hat sich nichts geändert, ihr Sohn fliegt von der Schule. Zufällig fahre ich gerade in ihre Gegend, lade ihn in mein Auto mit all seinem Zeug. Sie schenkt mir dafür ein Dampfbügeleisen.

44 Jahre ist das her, genau die Hälfte meines Lebens. Bügeleisen haben eine kürzere Lebensdauer, aber sonst geht es uns ähnlich: Wir können uns noch erwärmen, ja erhitzen, aber da sprüht und dampft nichts mehr.

Verkalkt? Wohl beide.

Halbzeit im Spiegel –
mathematisches Beispiel
Gefühle ordnen

Barrierefrei

Herrliches Essen, ruhig-grüne Landschaft, freundliche Menschen: Ein paar Tage Bad Tatzmannsdorf, Nostalgie und Erholung. Alles wunderbar, bis auf ...

... das Klo: Es schmiegt sich tief an den Boden, wie komm ich da runter? Und dann der Schreck: Wie komm ich wieder hoch?

die alte Stute
passt nicht mehr ins Geschirr –
futtern geht noch

Meine letzte Lesung, Abschiedsvorstellung, Wehmut natürlich. Viele alte Weggefährtinnen, einige Weggefährten. Bedürfnis nach Umarmung; ach – Corona!

Dann ist die Handtasche weg. Am nächsten Morgen schickt das Hotel einen Jungen aus, er sucht auf der Bühne und in der Damentoilette. Nichts. Ich hinke selbst hinüber. Da ist die Tasche. Auf der Behindertentoilette.

Künstlerinnen
sind Damen und keine
Behinderten

Von Häusern

und wie man sie baut

俳文

Abbruch[4]

Der Abrissbagger hat etwas von einem Lebewesen, einem Katzentier. Manchmal buckelt er sich zur Ruhe nieder, legt die Greifertatzen behaglich umeinander. Knurrend erwacht, streckt er den muskulösen Nacken, sein Kopf pendelt hierhin und dorthin, schabt seitlich mit wogender Schulter und spitzen Zähnen an einem Klumpen, ungeduldig keuchend.

Dann aber streckt er den Hals gierig immer weiter vor, den Fang weit aufgerissen, schnappt nach einem Stück Mauer, verankert sein Gebiss darin.

das alte Haus
umhüllt von Staubwolken
verschreckte Schwalben

4 Fast alle Geschichten dieses Kapitels stammen aus meinem Buch *Beobachtungen von gegenüber*. Es handelt von dem Bauobjekt Phorusgasse 8 in 1040 Wien.

Der Kranführer

Zwischen den Gerüsten und Aufbauten hievt er die riesigen Glasfenster hoch und schwenkt sie übers Dach. Windböen prallen gegen die Scheiben, verdrillen die Gurten, an denen sie hängen.

Er arbeitet bedächtig, konzentriert. Stundenlang. Endlich Aufatmen.

Langsam senkt sich die Krankabine, rastet ein. Er steigt auf das Leiterchen, überspringt schwungvoll die letzten drei Sprossen. Gleitet aus.

Schon sind die andren bei ihm, lehnen ihn gegen das Fahrzeug. Betasten Arm und Schädel. Einer bringt die Wasserflasche. Er will sie abwehren, schüttelt den Kopf – und zuckt zusammen.

Sie streicheln ihn, umarmen ihn vorsichtig. Corona – vergessen. Mit dem kleinen Transporter bringen sie ihn weg.

Zarte Blüten
entsprießen
den Kakteen

Entropie

Aus dem Fenster geschaut: Gegenüber sind Bauarbeiter zugange. Zuerst haben sie ein altes Haus abgerissen, jetzt bauen sie ein neues und sind schon ziemlich weit.

Zwei Unterschiede fallen mir auf:

Den *Abbruch* übernimmt im Wesentlichen eine einzige Firma; manchmal zieht sie Kranverleih und Muldenkipper hinzu, aber die verschwinden rasch wieder. Für die Baustelle verantwortlich ist nur einer.

Beim *Aufbau* wirken vielerlei Gewerke zusammen, von den Betonierern über die Dachdecker bis zu den Malern und Elektronikern, lauter Spezialisten, sie wirken kompetent. Und sie brauchen entsprechend viel Parkraum für ihre durchwegs weißen Transporter.

Der zweite Unterschied lässt mich grübeln:

Die *Abreißer* waren von fast kätzchenhafter Sauberkeit. Ständig sortierten sie Abbruchmaterial, waren Männer mit Besen und Spritzschlauch zugange, reinigten den Boden, die Baufahrzeuge, ja die ganze Gegend.

Ganz anders die *Aufbauer*. Sie laden Material ab, schlichten es hin, wo gerade Platz ist, bringen es irgendwann ins Gebäude. Plastikfetzen bleiben liegen, Latten, Paletten, Planen. Arbeiter steigen drauf und drüber, umrunden die Haufen.

Notgedrungen räumt man auf, um Platz für neue Lieferungen zu schaffen, oft, indem man das ganze Gewirre unter den

Betonsilo schiebt. Kehren? Kaum jemals. Abspritzen? Nie. Wegführen? Ja schon, wenn es denn sein muss. Von oben wirkt das manchmal ganz schön unappetitlich.

Ich rätsle:

Ist die Verantwortung zu sehr aufgeteilt? Fühlt sich jeder nur für den eigenen Mist zuständig – oder überhaupt nicht, weiß ohnedies keiner mehr, wer das wieder war? Oder lässt gar die Geschäftigkeit, lassen die vielen Menschen die Entropie steigen? Moleküle rasen umher, erzeugen Wärme?

Fliegen kreisen –
da muss ich wohl
das Geschirr spülen

俳文

Wind

Zu dritt stehen sie neben der Baustelle, beraten über einen Plan gebeugt. Da rast eine Staubwolke die Gasse herauf. Sie können gerade noch den Plan festhalten, kriegen alles ins Gesicht, husten, wischen, schnäuzen.

Gleich darauf wieder blanker Himmel, fröhlich winken die Plastikplanen. Kopfschütteln.

Beschaulich atmen
und dann
springt der Frosch[5]

---

5 Der Frosch ist in der Haikudichtung sehr beliebt, ja fast ein Symbol. Darum habe ich auch ein Büchlein über ihn geschrieben und er kommt bei mir immer wieder vor.

Hunger

Über ein Jahr schon werken sie an dem Haus gegenüber, vom Fenster aus schaue ich zu. Heute der Lkw einer Gärtnerei. Bäume! Blumen! Ich atme auf. Wie lang habe ich kein Grün mehr gesehen! Zuerst war Winter; jetzt ist Corona.

Blumen! Ich meine ihren Duft zu atmen, ihre Kühle zu spüren. Die geradlinige, weißgraue Baustelle verwandelt in ein buntes, lebendiges Quartier!

Da beginnen sie auszuladen: Steinplatten. Viereckig. Hellgrau: Wege.

Ich schließe das Fenster.

Businessanzüge
auf den Wegen
keine Frösche

俳文

Baustelle

Das Gitternetz verhüllt die Fassade, sorgfältig aufgezogen, die Nähte ineinander gesäumt. Züchtig verhüllt in blendendem Weiß die Braut, geheimnisvoll.

Im Blütenschmuck
an die Ernte denken
Stoppelfelder

Drei Monate später. Das Schleiergewand grau geworden, zerlumpt, zerrissen. Geplatzte Nähte. Fetzen flattern im Wind. Dahinter Beton und Glas.

Die strahlende Braut – nun ein Geschöpf des Alltags.

Auf dem Fensterbrett
Oregano und Schnittlauch
keine Rosen

Bezugsfertig

Lastwagen luden ab, Mischer lärmten, Krane zogen Viereckiges und Gerolltes hoch. Ab und zu tönte Hämmern, Surren heraus.

Das Corpus war verdeckt, eingewickelt in mehr oder weniger intakte Stoffe. Kein Hinweis auf das Darunter. Täuschen leicht gemacht: Hässliches unter klarem Weiß, Schönheit verhüllt von Lumpen? Unbeweglich die bedeckte Fassade, höchstens ein Flattern. Meine Ungeduld.

Jetzt: die Enthüllung. Gerüste werden abgebaut, Formen treten zutage. Ein Individuum ist erschienen.

Jeans und T-Shirt –
Uniform versteckt
Jugend und Alter

俳文

Naturstein

Nicht immer schafft der Steinmetz weinende Engel für marmorne Grabmale oder Ersatz für bizarre Wasserspeier an gotischen Domen. Viel häufiger legt er Plattenwege in Gärten oder Terrassenböden. So wie hier.

Der Ladekran stapelt schwere Pakete, ein nächster Lkw türmt plusterige Gewebesäcke voll feinem Sand auf.

Mit den Loggien fangen die Plattenleger an. Rund um sie läuft emsiger Betrieb: Anliefern und Abholen; große Laster reversieren kunstvoll und versperren dem Bus den Weg; Arbeiter schleppen und schlichten, hämmern und sägen, beraten und messen – ständige Bewegung, Schwerpunkte verschieben sich.

Dazwischen schneiden die Steinmetze Platten; eine Grundmelodie, etwas schrill, in diesen hundert Geräuschthemen.

Und sie gehen, vielleicht sogar: sie schreiten dahin zwischen all der Betriebsamkeit, kommen vor den andern, verlassen die Baustelle als Letzte; lenken in aufrechter Haltung Schubkarren mit schwerer Last. Lassen sich von dem Gewimmel nicht beeindrucken; stetig fahren sie fort, aufeinander abgestimmt, mit ruhiger Sicherheit und großer Kraft.

Jede fertige Fläche leuchtet und gliedert den Ablauf.

Glatter Stein
fügt sich gekrümmten Sohlen
warm und kalt

Nach einem Jahr

Die Balkone spiegeln Charaktere: Grün bepflanzt bis überquellend; in nobler Zurückhaltung ein einziger exotischer Zierbaum; genüßliche Sonnenanbetung mit Strecksessel und Tischchen; Wäscheständer, einer verschämt ein paar Stunden, ein anderer dauerhaft, begleitet von allerlei Kram.

Zwei Balkone leer – einmal Missachtung, einmal ... ausgezogen. Die ersten Mieter schon wieder fort.

Noch strahlen Fassade und Dach, doch wenn ich genau hinschaue: die ersten Runzeln. Eingelebt, passt schon ganz gut in die Gegend.

Der Rummelplatz
zieht weiter – das Leben
wie gewohnt

Vom Leben und vom Dichten

俳文

Faust aufs Auge

An *Die Faust im Nacken* kann ich mich noch sehr gut erinnern. Ist schon eine Weile her, war so Mitte der Fünfziger. Auf der Fahrt ins Kino rissen wir mit der neuen Jawa 350 einen veritablen Stern. Jedes Mal, wenn auf der Leinwand Blut floss, begann es auch an meinen Beinen wieder zu rieseln. So was merkt man sich.

Geschwätz. Ich wollte doch über die *Faust aufs Auge* nachdenken. Die kenne ich nämlich auch schon lang. Meine Tanten bemühten die handliche Wendung gern, wenn ich meine Kleidung etwas aufzupeppen versuchte, und der Vater, der an sich wenig gegen ein buntes Halstuch einzuwenden hatte, verließ sich auf das Urteil seiner Schwestern. Das war's dann.

Mehr als ein halbes Jahrhundert später. Als ich das erste Mal eine lobend gemeinte Faust aufs Auge erlebte, war ich verwirrt. Was hat sie denn gegen den Blumenstrauß? Sie wird doch nicht allergisch sein. Aber nein, schon wurden Vasen verglichen, Stängel gekürzt und die Pracht mitten auf den Tisch platziert. Ahs und Ohs. Ich schwieg. Man will sich ja nicht blamieren.

Es wiederholte sich; zu Fuß, im Fernsehen, in der Zeitung. Haben die alle nichts kapiert? Verunsichert google ich die Faust im Duden und finde unter „Herkunft“: D*ie ursprüngliche Bedeutung „nicht passen“ wurde häufig ironisch verwendet, woraus sich die Bedeutung „gut passen“ dann entwickelt hat.*

Tod der Zärtlichkeit. Traurig.
Tod der Ironie. Noch trauriger.

Relativität

Im Hotel. Der glasüberdachte Zugang unter meinem Fenster spiegelt den Himmel. Wolkenballen rasen vorbei, da muss doch ein Orkan wüten? Ich blicke aufwärts – friedlich ziehen weiße Haufenwolken dahin, kaum merkbar ihre Bewegung.

Gern glaube ich
meinen Augen –
Das All schaut zu

俳文

Lügen

Als Literatin unterliegst du einem Zwang: Dein Text sei spannend und unterhaltsam. Die Wirklichkeit ist aber meist weder noch, nur selten versteigt sie sich zu erregenden Momenten. Also musst du lügen.

Die Plüschtiere meiner Kinder hießen nicht Affe und Löwe; die Katze Kantowsky war kein Kater und sah ganz anders aus; meinen Mann lernte ich nicht über das Frosch-Haiku kennen, sondern in der Straßenbahn.

Alles andere in diesen drei Geschichten spielte sich genau so ab, wie es aufgeschrieben ist. War eben wirklich, nicht Literatur.

Die beweglichen Teile
unterliegen
einem gewissen Verschleiß

Verletzungen

Seine Kritik, nicht unberechtigt, aber in dieser Ausführlichkeit! Und der Ton! Sein Buch kaufe ich nicht. Diese unsichtbare Rache reicht mir. Gibt mir ein kribbliges Gefühl. Lachreiz, unbekümmert.

Schon vergessen.

Aber sie. Sie fliegt hoch auf, literarisch. Unbewusst all dessen, was sie ausmacht: Erziehung, Beziehungen. Reisen. Weltläufig. Selbstbewusst. Sie tanzt ihr Leben, weiß nicht, dass es anderes gibt. Für mich unerreichbar. Das tut weh. Kein Lachen, keine Ironie.

Ich freue mich, dass sie ihren Weg gemacht hat. Aber ihr Buch rezensieren – das kann ich nicht.

Blut und Steine
hinter dem Haus
alles normal

Gendern

Kaum ist das Manuskript zu meinem Buch halbwegs fertig, stößt schon wieder ein Gedanke dazu. Diesmal stammt er von Aylin Basaran. Sie stellt uns in einer utopischen Ausstellung über die „Festung Europa" als eben die hochzivilisierten Wilden dar, die wir sind, wenn wir mit der technologisch-bürokratischen Keule aufeinander einschlagen. Vor allem auf Schwächere.

Aylin verlegt ihre Schautafeln voll Optimismus in ein 22. Jahrhundert, in dem alle Wanderungsprobleme gelöst sind. Quasi im Vorbeigehen stellt sie sich einer weiteren Herausforderung: Wie sehr die männlich konnotierte deutsche Sprache unser Menschenbild verzerrt.

Nun haben wir da schon einiges versucht, bisher mit überschaubarem Erfolg. Dieses störrische Idiom Deutsch lässt sich sein Korsett ungern ausziehen. Apropos Korsett: Mir kommt das derzeitige Gendern so vor, als wollte ich die Jeans meines Freundes anziehen. Über die Hüften viel zu eng, ich bring den Reißverschluss kaum zu, dafür muss ich sie unten zweimal umschlagen.

Das Binnen-I erscheint SchreiberInnen störend wie die Bröckerln im Pudding. Überdies zementiert es eine Besonderheit des Deutschen ein, die in der intersprachlichen Kommunikation Hürden aufbaut, nämlich die Substantivgroßschreibung.

Mit Schrägstrich oder Doppelpunkt machen wir den Leser/inne/n und Schreiber:inne:n auch keine rechte Freude, selbst wenn sie Grammatik studiert haben und die diversen

Endungen richtig zuordnen.

Gibt zwar noch andere Satzzeichen, die haben halt alle schon eine angestammte Bedeutung. Unterstrich – kannst vergessen. Natürlich könnte man ein eigenes Symbol erfinden, ist uns bei @ und € ja auch gelungen. Vielleicht ein Emoji. Naja.

Bleibt das Sternderl. So ein Asterisk oder eine Asteriske ist an sich ein hübsches Ding*, aber wenn er oder sie wie eine Meteoritin oder ein Meteorit einen Krater mitten in den Textfluss reißt, alles andere als ideal.

Womit die Möglichkeit, das Geschreibsel mittels Nennung der männlichen und der weiblichen Form ins Unendliche zu verlängern, gleich mitdemonstriert ist. Nicht zu vergessen, dass damit auch nur zwei von vielen Genus-Möglichkeiten genannt sind.

Die Sprachwissenschafte und Feministe Luise F. Pusch experimentiert seit vielen Jahrzehnten mit verschiedenen Formen. Eine der früheren, einfach die Endung -e einzuführen, hat sie offenbar wieder fallen lassen.

Und jetzt kommt Aylin Basaran, Zeithistorikae, daher und mutiert genau diese Variante weiter. Die Menschae in ihren Texten aus der Zukunft sind allerdings ein wenig feminismuslastiger als nötig.

Ich würde vorschlagen, nicht die Endung -ae einzuführen, die alle Lateinae als Femininum Pluralis kennen, sondern -ao oder -oa. Bevorzugt -ao, das kennen wir schon von den Portugiesao. Diese Anleihe bei unseren südlichen Nachbarao braucht weiter keine Erklärung, fährt dao Deutschao oder Österreichao doch eh jedes Jahr auf Urlaub dorthin und kennt sich aus.

Problem gelöst?

Zehn kleine N*

Heutzutage wird man ja schon niedergemobbt, wenn man das Wort auch nur zu denken wagt. Ich tu es trotzdem, tat es freilich schon damals, als meine Kleinen das zugehörige Lied noch im Kindergarten lernten. Dieses Un-Lied übt, wie jede Absurdität, einen unwiderstehlichen Reiz auf mich aus.

Diesmal wende ich mich seiner Genealogie zu. Sie dürfen aber nicht glauben, dass ich dafür Recherchen betrieb, Bibliotheken und Internet durchforschte, wie ich es sonst zu tun pflege. Ich denke einfach.

Ich denke, so könnte es gewesen sein:

Tra lala lalala, tanz- und schunkelbar die Melodie. Das war nicht immer so. Eigentlich kommt die Moritat aus dem Jiddischen, den Text *zehne der brüder sammas gewesen* umhüllt eine stoisch-melancholische Tonart, die dem hebräischen Kulturkreis entstammt.

Den Text liebe ich besonders wegen des Genitivs. Ihn zu verwenden ist ja auch so ein Brauch, der einen schnell unter Shitstürmen wegen Überheblichkeit ersticken lässt, dabei gibt es Idiome, die den 2. Fall richtiggehend verehren, wie meine Lieblingssprache Tschechisch. *Zehne der Brüder …* das klingt doch ganz anders als *Zehn Brüder!* Meine ich jedenfalls.

Die christlichen Missionierer konnten so etwas natürlich nicht unangetastet lassen. Rasch verbanden sie das der Glaubensfinanzierung Nützliche mit dem Angenehmen, will heißen, sie schufen eine gut gepolsterte Gewissensunterlage für jene, die den ach so armen kleinen N* spenden sollten.

Also schnell ein fröhliches Liedel rund um das Triggerwort komponiert – tja, dabei traf es einen echten Künstler (Künstler ohne Stern, weil Kirche). Keine Angst, ich hänge dieser Richtung nicht an, aber, wie mir die Welt schon öfters bewiesen hat, auch hochbegabte, ja geniale Individuen können Trottel* sein. Ein solcher musikalisch-poetisch begabter Mensch verfasste also ein absurdes Hörspiel mit Gesang, das natürlich den kindlichen Sinn fürs Abstruse ansprach.

Wir von der Lyrik sind da, so weit nicht rettungslos depressiv, wie die Kinder: Das Blödeln liegt uns im Blut. Geht mir auch nicht anders. Öfters schon wandte ich mich dem N*-Text zu, um ihn zu missbrauchen. Ich entließ etwa 10 kleine Umweltschützer* und 10 kleine Smartphone-Junkies* in die Welt.

Und eines Tages (schon wieder ein Genitiv!) kehrte ich zu den Wurzeln zurück. Damals frönte ich gerade einer verletzlichen Leidenschaft für mathematische Probleme und die brachte die *briider* nach dem Abarbeiten von zehn Todesfällen in folgende problematische Situation:

Keiner der Briider sammas gewesen,
hammas gehandelt mit Rizinus,
einer ist am Klo verschieden,
sammas gewesen 1 minus.

Ist doch schön, oder?

Die Wiese

Haiku Schreiben ist ein Pilgerweg. Du betrittst ihn mit Neugier und Selbstvertrauen, schreitest schwungvoll voran, bezwingst Etappe um Etappe.

in meiner wiese
sind vor dem schnitt die bunten
farben am vollsten
(1982)

Irgendwann hältst du inne. Verweilst. Prüfst. Da waren zu viele Nebenpfade. Verlockungen. Welches ist dein Weg?

die Juniwiese
ein buntes Blumenmeer – die
Sense schon bereit
(1999)

Du findest einen Weg. Du gehst ihn. Er ist sehr einfach.

Juniwiese
buntes Gewoge
morgen der Schnitt
(2019)

Der Weg endet nie.

HaiQ[6]

Über dem Eingang zur Diskothek läuft das Band mit dem Kurzgedicht, alle paar Wochen ein anderes. Wer bemerkt diesen Text? Wer denkt über ihn nach? Überhaupt: Was tut Lyrik hier? Bewirkt sie etwas? Hier mehr als anderswo?

Aus dem puren Anblick platzt mir ein Vers, vom ersten Augenblick an unumstößlich.

Das word rinnt up
das wort rapped in
wrapped in worte
orte

Das ist vielleicht so etwas Ähnliches wie ein Haiku. Grenzverletzungen? Wegen der vier Zeilen, des Reims am Ende – darüber sind wir wohl hinaus. Es bleibt die Beweglichkeit der Laute, die das akustische Gemenge vor der Disko wiedergibt.

Interessant, aber kein Haiku, so das Urteil der Experten.

Vielleicht ist dieses Keinhaiku ja ein HaiQ.

6 Die Deutsche Haiku-Gesellschaft hat einen Vorschlag von Dietmar Tauchner und Ralf Bröker aufgegriffen, unter diesem Namen mit ungewöhnlichen Formen des Haiku zu experimentieren.

Yūgen[7]

Ein Junitag. Nach der Gartenarbeit schreibe ich spontan ein Haiku:

der Reiher startet –
zappelnd im Schnabel
mein letzter Goldfisch

Bin recht zufrieden damit, lese es den anderen vor. Rückmeldung: Gelächter und nickende Anerkennung. Denke nicht weiter nach.

Jahre später krame ich lesend in meinen Büchern und stoße auf:

am gartenteich
ein junger reiher
ich zähle die fische[8]

Meine westliche Selbstgewissheit wankt. Ich habe immer noch viel zu lernen.

---

7 *Yūgen,* japanisch, bedeutet in der Haikudichtung das Geheimnisvolle, das nicht Ausgesprochene. Claudia Brefeld zitiert einen buddhistischen Gelehrten: „Es ist hinter den Wolken verborgen, aber nicht völlig außer Sicht."

8 Küppers, Renate in: *Die Sonne reifer Äpfel.* Anthologie der Deutschen Haiku-Gesellschaft 2021, S.79

B. R. 07

Wozu?

Lang gelebt – viel erlebt. Also: Autobiografie.

Nein, lieber nicht. Das Leben ist kein Film, es hat ewig lange Durststrecken, unspektakulär bis langweilig. Freilich, dazwischen blitzen sie auf, die Tragödien, die Komödien, die Farcen.

Aber meine Erinnerungen stimmen gar nicht, wie ich schon oft erfahren musste. Und will mich überhaupt jemand so genau kennen lernen?

Also greife ich einzelne Szenen heraus. Sie sind hängen geblieben, vielleicht zufällig; viele von ihnen haben meinen Lebensweg nicht groß verändert. Aber irgendetwas werden sie schon bewirkt haben.

Punktstrahler –
aus grauem Rauschen
Farben meißeln

Die blau-gelbe Decke

Guter, dicker Baumwollflanell, leuchtend blau-gelb kariert. Minna bewahrte die Decke im Schrank auf. Vielleicht wollte ja doch einmal eines ihrer Kinder bei ihr übernachten. Eines der Kinder, die immer so gehetzt waren, auf die Uhr schauten.

Minna starb 1945. Es gab keinen Sarg, keinen Bestatter. Die Töchter begruben sie, gehüllt in alte Decken. In diesen Zeiten vergeudete man nichts. Dann tat es ihnen leid. Die schöne Decke, die blau-gelb karierte – sie hatten sie der Mutter nicht gegönnt.

Hella wickelte den Willi damit ein, der Ofen blieb oft kalt. Später nahm Traude sie mit ins Internat. Sie hatte immer kalte Füße.

Dann nuckelte der Hansi dran. Lächelnd schnitt Traude die ausgefransten Kanten ab, säumte sie neu, bei Beate wieder. Die Decke war schöner geworden: Die Farben ausgewaschen, sanfter.

Die Kinder bauten unter dem Klavier Zelte. Blau-gelbe Zelte. Traude musste häufig waschen, flicken, säumen. Die Decke wurde kleiner. Wurde dünner.

War immer noch anschmiegsam, weich. Eine Hundedecke. Cindy starb 1997. Der Mann vom Tierkrematorium trug sie auf dem Arm fort. Blau-gelb eingehüllt.

Verlorene Träume
auf dem Wege
von Krieg zu Krieg

Chrysanthemen II

Dottergelbe Blüten, eine Blütenkuppel, herbstlich vorbereitet als Grabschmuck. Nein. Ich setze sie vors Fenster!

Morgens ziehe ich die Jalousie hoch und sie strahlen mich hundertfach an, Sonnenaufgang auch bei Regenwetter.

Mein Tag beginnt glücklich.

Leere Flure
graue Mauern –
ein Lichtstrahl

俳文

Lisl[9]

78 Jahre waren sie ein Paar. Dann starb sie, er nicht, wollte noch nicht. Er sah seinen Hunderter schon herankommen, da folgte er ihr doch nach.

Ihr, Lisl, geborene Braun. Seiner Frau, Lisl Hacker. Und nach der Emigration Hacker, englisch ausgesprochen, das Wort gibt es, welch Glück, in beiden Sprachen.

Diese Frau hat viel Leid erfahren müssen, aber eines nicht: Namens-Leid. Ich aber, geborene Kotrc, unaussprechlich und -schreiblich; verheiratete Schleichert, abgeschmackte Witze; heute Veran, immer die letzte, die dem Alphabet folgend drankommt, unbedacht ausgesucht, dieser Name – nur, weil man ihn nach Belieben betonen kann.

Darf man auf eine Jüdin, Verfolgte, Emigrantin eifersüchtig sein?

Im Spiegel
immer dasselbe
Gesicht

---

9 Siehe mein Buch „Beobachtungen von gegenüber", ÖHG 2021

Kirschblütenfest

So viele Kirschblütenorte in dieser westlichen Großstadt! Jedes Jahr in einem andern Garten feiern, unter reichem Baldachin, einmal japanpink, einmal europaweiß.

Jedes Mal Kirschblütenhaiku lesen, da geht mir irgendwann der Stoff aus. O ja, jedes Jahr neues Entzücken, aber jedes Jahr neue Haiku? Das Thema fühlt sich erschöpft an, und ich habe doch auch noch anderes zu dichten.

Also die alten Texte wieder einmal vortragen – warum nicht?

Der alte Frosch
springt zum tausendsten Mal
platsch

俳文

Ankommen

Zum Thema Ankommen fällt mir wenig ein. Ich bin keine Ankommende, bin eine Abreisende, mache mich bereit für die Fahrt über den Fluss, den Obolos fest in der Hand und kein Blick zurück.

Wird dies ein Ankommen sein? Am anderen Ufer oder verloren in der Tiefe des Alls? Werde ich wissen? Erlöschen? Fragen ...

Winde wehen
Saharastaub
bedeckt die Gletscher

Aus der Quarantäne

Die Küchenzeile – eine Wand voll querender Griffe unter dem Deckenlicht. Vierzehn metallene Bogen wölben sich aus Laden und Türen und jeder wirft seinen eigenen Schatten, gleich einem, seinem Mäulchen. An den oberen Laden die Lippen fast geschlossen, *stiff upper lip*; nach unten zu gewölbte Schattenmünder. Lächeln? Oben ist die Luft dünn.

Verzogen die Seitlichen, abschätzig, verächtlich über die naive Gutmütigkeit der Mitte.

Leben im Lockdown
zu Besuch
Gespenster und Schatten

Tod eines Hundertjährigen

Für Ria, seine Tochter

Wir werden alle zu Waisen. Einige früh, um die kümmert man sich, mit Zuspruch, Geld, manchmal Liebe. Die meisten erst viel später, grauhaarige Kinder.

Das ist der normale Gang der Dinge. Logischer Ablauf. Stell dir vor, Kinder sterben vor ihren Eltern, welche Tragödie! Hier also der übliche Verlauf. Wirklich?

Sollen wir sie trösten, diese selbst schon Gealterten, wenn ihre Eltern sterben? Oder kommen sie ohnedies besser damit zurecht, weil es erwartbar war? Wie gehen wir mit solcher Trauer um?

Trauer ist für die Trauernden immer bitter.

Nein, es ist nicht normal, seine Eltern zu verlieren.

Öfter
auf den Friedhof gehen
Blumen gießen

Besuch

Zwei Tage, zwei Freundinnen, zwei Rosensträuße.

Der eine – blassrosa Blüten aus dem Garten, hängende Köpfchen an schmächtigen Stielen, nebelüberhaucht. Sie verlangen nach der Keramikvase.

Der andere – professionell gestaltet in Orange und Kirschrot, aufrecht mit kraftstrotzenden Blättern, selbstverständlich ins Kristallgefäß.

Zärtlich und leidenschaftlich, leises Lächeln und lautes Lachen. Beides brauche ich zum Leben. Aber im Zusammensein schätze ich das Leise.

Schatten und Licht
auf dem Fensterbrett
ein kleiner Käfer

Hölderlin

Eingesperrt in seinem Turmzimmer. Saß er. Schrieb. Blickte hinaus auf das Grün der Neckarinsel. Die Tochter des Tischlers brachte ihm sein Tablett mit Essen. Sorgte für Sauberkeit.

Eingesperrt in meinem Zimmer im 7. Stock. Sitze ich. Schreibe. Blicke hinaus auf das Dachgewirr. Eine Angestellte bringt mir mein Tablett mit Essen. Sorgt für Sauberkeit.

Schreiben wie Hölderlin, das kann ich nicht.

Die Mauern stehn
sprachlos und kalt, im Winde
klirren die Fahnen.[10]

俳文

10 Das Haiku ist ein Zitat aus dem Gedicht *Hälfte des Lebens* von Friedrich Hölderlin

Reflexionen

Sonnenaufgang hinter meinem Rücken. An der Wand leuchtet ein Phantom der Schreibtischlampe auf, jeder ihrer Teile reflektiert anders. Freundlicher ist ihr Abbild, als sie jemals war, ihre magere Gestalt gerundet, fast ein wenig aufgeplustert, das strenge Gestänge verwirbelt aufsteigend, aus dem Inneren geborgtes Leuchten.

Neige ich den Kopf nach links, löscht mein Schatten sie fast aus – nein, nicht ganz. Kaum verschwindet sie links, lugt rechts schon wieder ein kleiner Keil hervor.

Eigentlich wollte ich ja etwas ganz anderes schreiben.

Dichten und denken
der Schreibtisch bietet
viele Möglichkeiten

Die Künstlerinnen

俳文

Die Autorin

Traude Veran, geb. 1934 in Wien, Sozialarbeiterin, Erwachsenenbildnerin und promovierte Psychologin. Wirkte in verschiedenen Bundesländern und in Süddeutschland und machte sich vor allem um die Inklusion behinderter Kinder verdient. Seit der Pensionierung ist sie als Schriftstellerin, Kulturjournalistin und Hobby-Lokalhistorikerin in Wien tätig und wohnt in einem Pensionistenheim.

In ihrer Jugend studierte sie zwar mehrere Jahre Chinesisch und Japanisch, wandte sich aber erst um 1995, angeregt durch die Arbeiten Petra Selas, ernsthaft der japanischen Lyrik zu.

Traude Veran ist Mitglied der Grazer Autorinnen Autoren Versammlung, der Österreichischen Dialekt AutorInnen, der Deutschen Haiku-Gesellschaft sowie Gründungs- und Ehrenmitglied der Österreichischen Haiku Gesellschaft.

Sie erhielt eine Reihe von Auszeichnungen, u.a. das Goldene Ehrenzeichen für Verdienste um die Republik 1990 (für Gründung und Begleitung der ersten Integrationsklasse Österreichs in Oberwart) und die Wiedner Rosa 2021 (für ihre Arbeiten über die Geschichte des Hauses Phorusgasse 8).

Werke, Auswahl aus den letzten Jahren:

Gedanken Reisen. Haibun. Mit Zeichnungen von Neyah SELVA. Verlagshaus Hernals, Wien 2017

Berta Pichl. Eine Frau zwischen den Zeiten. Biografie. Mehrere Abbildungen. Verlagshaus Hernals, Wien 2019

Ich rede in den Zungen der Sprachlosen. Sprach-CD über und mit Traude VERAN. Verlag lex liszt, Oberwart 2019

Beobachtungen von gegenüber. Phorusgasse 8. Geschichte einer Baustelle. Reich bebildert. Verlag der ÖHG, Wien 2020

Bashōs kleiner Freund. Gedanken & Haiku zum Froschgedicht. Mehrere Bilder. Rotkiefer Verlag, Berlin 2021

Radln auf Wegaln. Pättkesfahrt von Pitt BÜERKEN, nachempfunden im Wiener Dialekt von Traude VERAN. Zeichnungen von Liesel TERTILT. Verlag der ÖHG, Wien 2022

Haiku schreiben – ein Weg, der nie endet. Sammlung von Essays und Haiku. Rotkiefer Verlag Berlin, erscheint Ende 2022

Die Malerin

Birgit Rakette, geboren in Rinteln, lebt als bildende Künstlerin in Berlin. Sie studierte an der HdK Berlin Visuelle Kommunikation und in Oldenburg Kunstpädagogik und Germanistik. Malunterricht für Kinder und Erwachsene in verschiedenen Freizeiteinrichtungen ist ein jahrelanges Tätigkeitsfeld für sie, um ihre künstlerischen Fertigkeiten anderen zu vermitteln.

Das künstlerische Schaffen von Birgit Rakette ist vielfältig. In Zeichnungen und Malerei sind neben Akt, Figur, Stillleben und Naturdarstellungen die aktuellen abstrakten Bilder von wesentlicher Bedeutung für ihre eigene künstlerische Ausdrucksweise.

Besonders im Großraum Berlin und Umgebung begeistert Birgit Rakette immer wieder mit kleineren und größeren Ausstellungen sowohl in Cafés, Bibliotheken und den Offenen Ateliers Pankow, als auch in Galerien.

Mit Begeisterung für Traude Verans Texte und Lyrik hat sie für das Buch „Der kleine Mistpilz" Bilder aus ihren verschiedenen künstlerischen Schaffensperioden ausgewählt.

https://birgit-rakette.jimdofree.com

Verzeichnis der Bilder:

Rotkiefer
Verlag